AF224282

LA
MEILLEURE FORME DE GOUVERNEMENT

DISCOURS D'INAUGURATION

D'UN BUSTE DE LA RÉPUBLIQUE

ET

POUR LA PLANTATION D'UN ARBRE DE LA LIBERTÉ

SUR LA PLACE D'ÉTAULES

PAR L. A. MAIRE.

PRIX : 30 CENTIMES

AU PROFIT DES PAUVRES

LA ROCHELLE

TYP. A. SIRET, PLACE DE LA MAIRIE, 3.

1880

LA
MEILLEURE FORME DE GOUVERNEMENT

DISCOURS D'INAUGURATION

D'UN BUSTE DE LA RÉPUBLIQUE

ET

POUR LA PLANTATION D'UN ARBRE DE LA LIBERTÉ

SUR LA PLACE D'ÉTAULES

PAR L, A. MAIRE.

Mes chers Concitoyens,

Nous venons inaugurer le buste de la République que nous devons à la souscription spontanée d'un grand nombre d'habitants de notre commune.

D'abord nous remercions ces souscripteurs pour leur patriotique pensée : c'est un hommage public qu'ils ont voulu rendre à l'idée républicaine. Nous sommes heureux de nous y joindre et d'y applaudir.

Nous sommes heureux aussi en ce jour d'effusion publique et de liberté, de venir planter au milieu de nous l'arbre symbolique de la Liberté.

Ceci répondait également à un besoin patriotique des habitants d'Étaules.

En réalité nous unissons aujourd'hui nos sentiments et nos efforts pour saluer l'ère si bien commencée du progrès social, l'ère de la justice et de la liberté.

La République ne serait pas une meilleure forme de gouvernement , si elle ne réalisait pas ces grandes choses.

Si elle n'était pas la liberté, elle ne serait qu'une manière différente de produire la compression, cette sœur (prétendue civilisée) de toutes les oppressions ; si elle n'était pas la Justice, elle serait un autre moyen de perpétuer le règne de la faveur et de la partialité ; si elle n'était pas la fraternité, elle n'aurait fait que recommencer, sous une autre forme, le jeu attristant des inimitiés politiques.

Une grande lumière s'est donc levée pour nous le jour où la vraie République a été fondée, et si nous nous reportons aux époques diverses où la France a combattu, pleuré et souffert en vue du résultat que nous acclamons aujourd'hui, nous pouvons nous dire bien privilégiés, et nous montrer heureux et fiers de pouvoir recueillir maintenant le fruit de ses longs et douloureux sacrifices.

C'est la lumière de la Vérité , c'est la lumière de la Justice, c'est le commencement de leur règne tant souhaité !

Nous avons dit que la République est la meilleure forme de Gouvernement... mais ceci n'est qu'une affirmation, et l'on y peut répondre par une affirmation contraire. Ce serait une lutte stérile et nous avons hâte de procéder par voie de *démonstration*.

Nous ne croyons pas indisposer ici les personnes non encore républicaines, en leur faisant voir qu'au point de vue du droit, du droit supérieur, du droit divin, si elles le veulent, le Gouvernement de la volonté universelle est préférable, et doit être préféré à tous les autres. Et pourquoi non, je vous prie ? On a dit que la voix du peuple est comme la voix de Dieu... et il n'est pas bien difficile de comprendre, en effet, que Dieu, c'est-à-dire ce qu'il y a de plus divin dans l'homme, la conscience, parle plus fortement, plus justement par la conscience de tout le peuple que par la voix si prodigieusement intéressée d'*un seul* : le roi, ou par la voix, peu libre n'est-il pas vrai, de la portion du peuple qu'il veut bien consulter.

Nous comprenons pourtant que 1,000 suffrages l'emportent sur 100, que 100 l'emportent sur 99, et que le comble de l'injustice et de la tyrannie serait que la loi fût faite par la *minorité*. Ce sont ces notions bien naturelles de droit élémentaire qui constituent le droit souverainement juste et raisonnable du suffrage univcrsel.

On sait que de grandes révolutions seules ont pu arracher aux monarchies le droit pour tout le peuple de voter. Oh ! une institution qui veut perpétuellemcnt agir en dehors de la volonté des intéressés !..... les administrateurs d'une société qui disent que la gestion en est impossible avec le contrôle de l'assemblée générale,... voilà, ne vous semble-t-il pas, quelque chose de bien peu rassurant pour les intérêts des associés.

Ce serait ici le lieu de prouver que nos diverses monarchies françaises ont passablement justifié les appréhensions qu'autorisent leurs principes..... Oh ! notre argent, oh ! notre sang, comment les rois se sont-ils plu à les dépenser !!!

Mais supposons que jusqu'ici les hommes aient été meilleurs que le système ; si celui-ci est vicieux et injuste, ce serait mal de le conserver, et tout à fait criminel, après son amélioration ou son changement favorable, de vouloir le ressusciter,... de travailler à y revenir.

Et quand les souverains auraient été plus parfaits que leurs systèmes de gouvernements, deux choses impossibles encore sont indispensables à la prospérité et à la durée d'une monarchie : l'invariable *volonté* du peuple et le persistant *libéralisme* du prince. Cette dernière condition peut même affermir la première ainsi que cela se voit chez les Anglais. Mais ici il y a plus que le libéralisme de la reine, il y a aussi ses incontestables grandes vertus. Hâtons-nous de dire que, dans ce cas, la monarchie n'est autre chose en réalité qu'une république, ayant une reine ou un roi pour chef exécutif.

De telles monarchies peuvent durer longtemps puisqu'elles font les peuples relativement libres et heureux, mais à la condition expresse, il ne faut pas l'oublier, que d'un souverain sage à ses successeurs il y ait une transmission non interrompue de *libéralisme et de vertus*.

Cela revient à établir que les meilleurs royautés mêmes, tôt ou tard, sont fatalement destinées à périr. Pourquoi alors quand le jeu des événements politiques en fournit l'occasion aux peuples, n'adopteraient-ils pas la forme de gouvernement qui soit le plus à l'abri des imperfections et des vicissitudes de la nature humaine...

celle qui, tout en les garantissant contre les passions et les aveuglements d'un maître, leur donncrait tout à la fois les gages les plus solides de durée, de justice, de paix et de liberté !... car il n'en est pas d'un principe comme d'un homme ou d'une succession d'hommes, et la République est un principe, un principe immortel qui défie la marche du temps, n'a à peu près rien à redouter des tempêtes ni de la fragilité de l'existence humaine, et se fortifie de tout le travail de la pensée générale, de toutes les évolutions du Progrès et de la Vérité.

On a comparé le système républicain à une école sans maître et ou les écoliers mutins sont chargés eux-mêmes (tant que cela peut durer) de leur instruction et de leur éducation.

Cette comparaison est piquante mais n'est pas juste.

Notre nation, notre génération n'est plus à l'état d'enfance, et la lumière de la civilisation a relativement éclairé tous les esprits. Cela est vrai surtout pour ceux en très grand nombre qui, au lieu de craindre l'instruction et de bouder la science, les aiment au contraire et les appellent de toute leur énergie.

Mais il est un sens de cette comparaison que nous sommes loin de répudier, car il est parfaitement vrai que la République est une immense école, une école nationale et de mutuel enseignement.... mais où ne manquent ni les maîtres pour les enfants, ni les pro-fesseurs pour les hommes. Les maîtres ? ils y sont plus scrupuleusement choisis et plus rétribués que jamais.... car il y faut à tout prix retenir les intelligences d'élites, et les professeurs pour les hommes, ce sont nos confé-renciers de plus en plus brillants et de plus en plus

ombreux. Oui, la Républiqne est une vaste école, une
école de droit, et d'agriculture, et d'art, et d'industrie,
et de littérature, et de philosophie (populaires d'abord)
où tous les genres de lumières, tous les genres de perfectionnements et d'améliorations sont constamment
poursuivis et même mis au concours.... et à côté, un
simple système de récompenses et d'encouragements
prouve assez quel prix attache le Gouvernement aux
développements de toutes les connaissances et aux suc-
cès de toutes les aptitudes.

Ce n'est plus l'instruction à petite dose, la lumière à
et économique, l'enseignement entouré de précautions
et de peurs chimériques : c'est le grand soleil dans le
vaste ciel libre de notre beau pays !

Mais la Religion, nous dira-t-on, qu'en faites-vous et
comment la traitez-vous ? La religion chose délicate entre
toutes parce qu'elle est du domaine le plus inviolable et
le plus sacré de l'être humain : la conscience, nous la
traitons avec tout le respect et toute la vénération dont
elle est digne. (*) Le soin même que met le Gouvernement à la dégager, à l'éloigner des matériels contacts,
les contacts compromettants, pour ses intérêts divins,
de nos intérêts sociaux, prouvent suffisamment son vrai
respect pour elle. — Quand nous disons le Gouvernement, nous ne comprenons pas les écrivains qui sont
libres de tout discuter et qu'on est libre de croire ou de
rejeter. Mais si la religion se fut habituée à demeurer
dans ses temples, c'est-à-dire dans la sphère que la
prudence, la raison et Dieu lui avaient assignée, au

(*) Elle est favorisée à nos budgets, maintenue dans nos écoles.

lieu de vouloir des royaumes de ce monde, pour y dominer même quelque peu, elle ne passerait pas par les étonnements et les indignations qui l'agitent aujourd'hui, en assistant à la séparation nécessaire des pouvoirs des deux mondes, des deux économies. Plus tard elle saura gré à l'État peut-être de ce qu'il aura eu plus de souci que ses défenseurs actuels de sa dignité et de ses intérêts propres; car à mesure qu'elle s'épurera, qu'elle s'éloignera davantage de la participation à nos affaires humaines, elle grandira en influence auprès de ses fidèles.

Nos adversaires peuvent être plus justement comparés, eux, à des maîtres qui, après la période scolaire, voudraient continuer de régenter les hommes et les peuples comme des enfants. Or cela ne peut être ni juste, ni conforme à la dignité des peuples, et une rude expérience nous a appris que cela n'est pas conforme à leurs intérêts non plus.

Chaque âge, chaque époque a ses besoins d'ailleurs, et quand les hommes, quand les peuples ne sont plus enfants, nous aimons à le répéter, ils ont besoin d'un régime de liberté, voire même d'instruction que ne comporte pas l'extrême jeunesse.

Une liberté illimitée nous serait mauvaise : ce serait, peu à peu, le retour à l'état sauvage; une liberté restreinte et subordonnée à une classe privilégiée serait intolérable, contradictoire avec la marche du progrès, avec les notions mieux connues des droits du citoyen... Mais une liberté vaste et bornée seulement par les droits d'autrui, par les besoins et les intérêts de la société, voilà ce qui s'impose aux peuples qui s'émancipent, voilà ce qu'aucune puissance morale ou immorale ne serait bien venue maintenant à contester, à refuser au peuple français !

Mais notre émancipation date d'un siècle et nous sommes encore à en asseoir les bases ! C'est que, depuis 1789 on a fait plus que de contester à ce peuple la légitimité et l'utilité des conquêtes faites par nos pères, et faites au prix de leur sang, de leurs biens et de leur liberté : on s'est efforcé sous divers prétextes de reprendre le terrain perdu contre la révolution.... et ce mot de révolution synonyme pour la France d'affranchissement et de salut, on avait réussi presque à le rendre impopulaire et odieux même, à force de calomnie. Sans la Révolution, cependant, quel serait notre lot à tous ici aujourd'hui ? Ne serions-nous pas encore courbés sous l'infâme loi de l'abrutissement féodal ? Ah ! le barbare égoïsme du seigneur du village ne permettrait assurément pas que nous fussions ici assemblés pour autre chose que pour nous incliner sous sa tyrannie.... au lieu de rechercher tout haut comme nous le faisons maintenant, dans notre pleine indépendance, les meilleurs moyens d'assurer nos droits et de garder nos libertés.

Si la royauté avait continué l'œuvre rénovatrice de 89 ainsi qu'elle s'y est engagée, après l'échec bien naturel de la première République et l'écroulement du premier Empire, nul doute qu'elle serait encore debout ; mais elle avait conservé l'esprit des mauvais jours.... comment pouvait-elle marcher à une époque nouvelle.... L'idéal pour elle c'était « le bon vieux temps » (appeler bon vieux temps cette époque d'asservissement et de pleurs des enfants de la patrie !) de là ses violations successives des lois constitutionnelles, et les révolutions dernières de 1830 et de 1848.... de là l'impossibilité pour elle de se réhabiliter jamais devant nos nouvelles générations, surtout après l'essai si déplorable du second Empire.

Mais n'eût-elle commis aucune des fautes qui l'ont perdue, elle n'en serait pas pour cela la meilleure forme de gouvernement... Et n'y eut-il que cette loi d'hérédité pour le trône et d'après laquelle un individu hérite d'un peuple comme d'un vil troupeau,... qu'il faudrait bien tôt ou tard, à cause de la morale des nations et de la dignité et des droits supérieurs des peuples, y renoncer bon gré mal gré. Ce serait une question de temps. — Si seulement le prince lui-même était tenu d'apporter comme garantie à sa nation (ou aux intérêts de sa dynastie) l'héritage précieusement conservé des qualités, des capacités et des vertus de ses prédécesseurs les plus sages et les mieux doués. Mais outre que les grandes qualités ne se transmettent pas par héritage, que les bons rois n'abondent pas, que les plus réputés d'entre eux comme Louis XIV et Napoléon Ier, par exemple, sont précisément ceux qui nous ont apporté le plus de ruines et le plus de maux, le prince héritier de 36 millions d'hommes (!) n'est tenu envers ceux-ci qu'à ce qu'il lui plaît de leur promettre.... c'est-à-dire qu'il y est tenu sauf le cas où il lui plairait aussi plus tard de s'en affranchir au moyen de quelque système d'*ordonnances*.... — Le caractère constitutionnel obligé de nos rois modernes ne les a pas guéris de l'absolutisme qui était dans leurs penchants. C'est qu'il y avait antinomie de principes dans l'institution ainsi modifiée. Leur droit d'héritage était absolu, prétendaient-ils, et ils consentaient (par un mirage de constitution) à une autorité

tout-à-fait relative !... Si le peuple appartient absolument
à son souverain, celui-ci doit le gouverner d'une manière
absolue ; mais ce n'est que de la logique, et ce qu'il faut
avant tout aux nations c'est de la justice. Seulement si
vous mettez la justice à la base des monarchies , c'est-
à-dire le droit national , la représentation nationale sin-
cère et vraie , c'est la République que vous organisez.
La République c'est le droit national mis à la place du
droit monarchique , du droit princier ; c'est la Patrie
remise en possession d'elle-même , c'est la société en-
tière primant enfin l'individu et gouvernant la société...
Quoi de plus simple, quoi de plus moral, quoi de plus
juste, partant, quoi de plus nécessaire ?... Fallait-il faire
verser tant de flots de sang pour empêcher la réalisation
d'un aussi équitable, d'un aussi légitime système ? Sans
doute une nation n'a jamais que le gouvernement dont
elle est digne ; mais quand elle se lève pour revendi-
quer son droit et sa liberté, il n'y a pas de plus grand
crime que celui de les lui refuser !
Les royalistes comparent la monarchie à une famille
avec son chef vénéré qui la conduit et sans cesse veille
sur elle.... son chef, c'est-à-dire son père,... son père,
c'est-à-dire son roi. Rien de plus sacré, de plus saint,
de plus inviolable que cette institution ? — Sans doute
rien n'est bon, rien n'est touchant, rien n'est sacré
comme la famille ; mais à la condition que ce soit une
famille réalisant tout l'idéal charmant et sublime de
cette sublime association. Une famille divisée (ou unie
seulement dans le mal), au lieu de nous édifier et de
nous intéresser, nous inspire de la pitié et fait naître
en nous, pour elle, le besoin et le désir d'une séparation
prompte de tous les membres ou de tous les groupes.

Mais ne parlons que d'une famille dont tous les membres sont unis par les liens de la confiance, de la vertu et de l'amour. Est-ce qu'il ne vient pas un temps ou tous ces hôtes bien aimés du foyer paternel se sentent travaillés (c'est une loi qu'on retrouve partout et qui revient toujours) par le besoin sacré de l'indépendance.... — Quoi ! l'amour de la liberté plus fort que l'amour de la famille, que la tendresse toujours fidèle des parents, toujours vivante des frères et des sœurs ! — Oui ;... et, est-ce qu'il ne vient pas un temps, en effet, où tous ces doux liens doivent en quelque sorte se briser et où toute la jeune famille s'envole émancipée où la mène la liberté ?

L'institution de la famille, elle-même, est respectueuse de la liberté, et elle s'élève contre l'institution de la royauté qui, en France, l'immola toujours à son égoïsme !

Un Président de la République sans doute ne peut être un homme au-dessus de l'humanité.... Toujours est-il que toutes les précautions constitutionnelles et autres sont prises afin que le plus compétent, le plus sage et le plus digne soit élu préférablement au plus titré, au moins estimable et au moins capable.... Toujours est-il que s'il manifestait au pouvoir des tendances liberticides et commettait des actes indignes de son mandat et de sa haute situation, après quatre années d'une gestion, toujours librement contrôlée, il aurait à céder la place à un plus habile, à un plus digne, à un plus patriote que lui. — Je vous le demande, en m'adressant à vos plus sérieux sentiments : l'avènement au trône de n'importe quel souverain par voie de succession fatale, offre-t-il à la nation de pareilles garanties pour le présent, de pareilles ressources pour l'avenir ? Les incapacités, les indignités présidentielles sont à peu près impossibles dans une république où fonctionne librement le vote des citoyens.... et l'on peut dire ici de l'institution qu'elle améliore les élus au lieu de les corrompre, la faveur des grands n'étant pour rien dans leur nomination, et leur réélection étant la récompense de leur mérite !

La République américaine, depuis sa fondation, compte à peu près autant de grands hommes qu'elle a eu de présidents, ce qui sera pour ceux de la France, sans doute, une puissante et fructueuse émulation de sagesse et de gloire.

Au surplus, il n'en est pas d'un Président de République comme d'un monarque : la plus énorme part du pouvoir et de la responsabilité ne se condense pas en lui. Il n'est pas juste, il n'est pas prudent surtout, de charger d'un tel fardeau deux épaules humaines. Dans une République, le Parlement est là, c'est-à-dire le peuple largement représenté... Un ministère responsable est là pour supporter leur juste part, leur immense part de ce poids cent fois trop lourd pour un seul homme.

Un autre préservatif pour nos présidents, c'est la suppression du faste princier destiné à justifier les millions effrayants de la liste civile. L'or n'a-t-il pas été pour tous les hommes et pour tous les rois la plus dangereuse de toutes puissances de séduction et de corruption ?

Assurément il faut du prestige à tous les chefs d'États..... mais les esprits sages et éclairés placent bien haut au-dessus de tout prestige celui qui rayonne d'un front qu'un peuple libre a couronné.

Oui, les limites mêmes assignées à un Président de

République, à l'égard de la richesse et du pouvoir, sont, pour les citoyens comme pour lui, une garantie précieuse de stabilité et de sécurité. C'en est une aussi de paix intérieure et extérieure pour la France.

Vaudrait-il mieux par exemple, sous le prétexte qu'il a été choisi entre mille, au lieu de nous avoir été imposé tel quel comme tous les monarques à tous les États, vaudrait-il mieux nous livrer pieds et poings liés à tous les caprices possibles de son ambition, et à tous les bouillonnements de son caractère?

Nous nous indignons aujourd'hui en lisant dans l'histoire qu'il y a à peine un siècle tout noble, tout seigneur avait le droit de vie et de mort sur chaque homme.... pardon, sur chaque *vilain* placé sur ses terres.... et après les expériences des temps et la révolution de 89, nous irions donner ce droit à un autre homme.... que dis-je? nous irions lui rendre possible et facultatif le saccagement de nombreuses villes et l'extermination de milliers d'individus!!!

Non, il est mille fois préférable de n'accorder le droit terrible de disposer de la vie des citoyens, comme des armées, qu'aux représentants assemblés du pays tout entier, qu'aux mandataires directs du peuple, du peuple pouvant seul disposer de sa fortune et de sa vie!

On me dira mais il vous faut aussi un préservatif puissant contre les assemblées démagogues et affolées? — Sans doute, et ces préservatifs nous les nommons instruction gratuite (et d'obligation), liberté de la presse, liberté de se réunir, en un mot liberté d'apporter un flambeau partout où règnent quelques ténèbres!

Que voudriez-vous attendre, même en République,

de représentants choisis dans l'ombre et sous le regard indiscret et gênant du pouvoir?

Avec ces moyens nécessaires de progrès et de sages perfectionnements, notre Gouvernement parviendra à éviter toutes les graves erreurs, toutes les injustices, tous les abîmes..... et à nous préserver de tous les maux.

Ainsi la forme républicaine est celle qui assure le mieux notre liberté, qui nous garantit le plus véritablement l'exercice de nos droits et favorise au plus haut point nos intérêts de quelque nature qu'ils puissent être. « C'est aussi le gouvernement qui nous divise le moins. » Et ce ne serait pas un mince avantage après les siècles de guerre intestine qui ont aigri tous nos cœurs et souvent empoisonné nos existences, que d'être délivrés de ces obsessions et de ces amertumes que la haine de parti a déposées et développée en nous. Ce ne serait pas un faible bonheur, grâce à la bonne volonté et à la sagesse de tous, de pouvoir dire bientôt, et avec vérité cette fois, pour l'intérieur comme pour l'extérieur de la Patrie :

La République c'est la paix..... aussi bien que la justice et la liberté !

VIVE LA RÉPUBLIQUE !

PLANTATION

DE

L'ARBRE DE LA LIBERTÉ

(Bénédiction laïque.)

———

Puisse cet Arbre , symbole de nos droits et de nos libertés, grandir et prospérer au milieu de nous et rappeler aux générations à venir qu'elles ont été notre joie et nos espérances républicaines de ce jour !

Puisse-t-il se développer sous le soleil radieux et bienfaisant de nos libres institutions, et être témoin toujours du bonheur et de la gloire de la Patrie !

VIVENT LA FRANCE ET LA LIBERTÉ !

29 Mars 1880.

L. A.

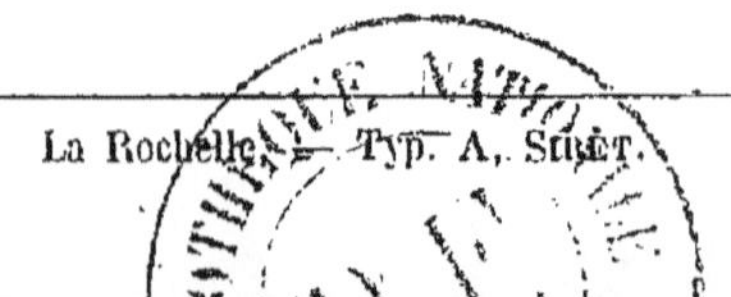

La Rochelle. — Typ. A. Siret.

www.ingramcontent.com/pod-product-compliance
Lightning Source LLC
Chambersburg PA
CBHW051308050726

47595CB00008B/3448